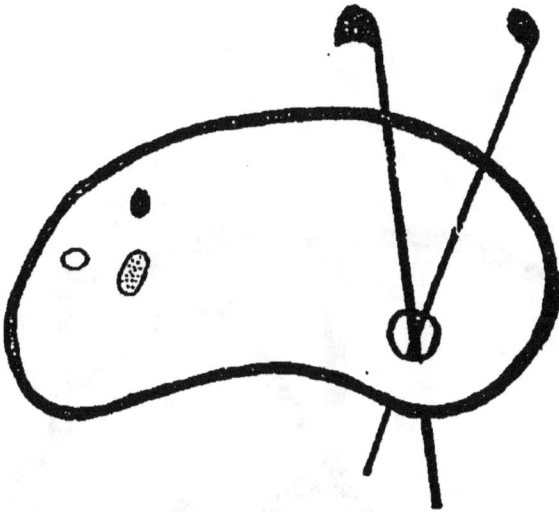

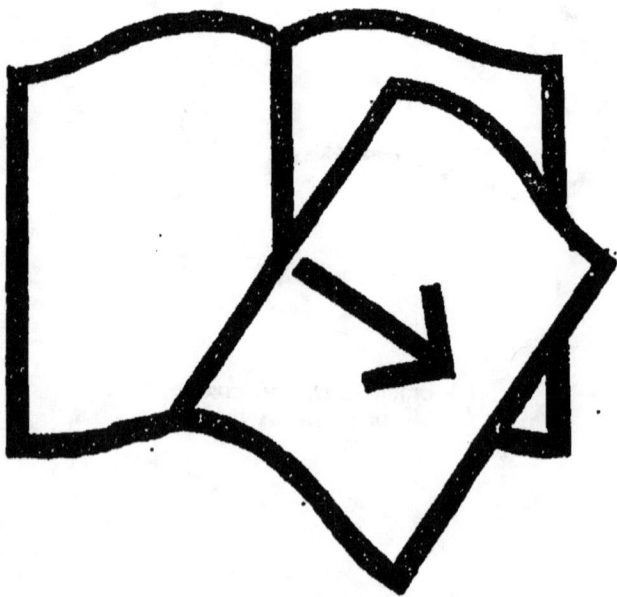

Couverture inférieure manquante

Jules Valentin

# MON PREMIER VOYAGE

# Une semaine en Bretagne

IMPRIMERIE
Vve TAVERNIER ET FILS, LIBRAIRES-ÉDITEURS
VITRY-LE-FRANÇOIS

# UNE SEMAINE EN BRETAGNE.

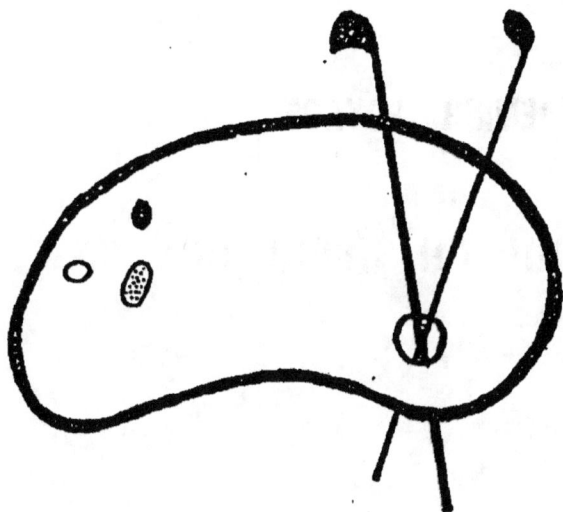

ORIGINAL EN COULEUR
NF Z 43-120-8

JULES VALENTIN

## MON PREMIER VOYAGE

# Une semaine en Bretagne

IMPRIMERIE

Vᵉ TAVERNIER ET FILS, LIBRAIRES-ÉDITEURS

VITRY-LE-FRANÇOIS

# MON PREMIER VOYAGE.

## Une semaine en Bretagne.

### Première journée.

En voiture, Messieurs, en voiture !

Il est huit heures du soir, il pleut à torrents. Il semble que les nuages aient voulu
s'effondrer avant notre départ pour nous
donner un avant-goût de ce qui nous attendait sur les côtes brumeuses de la Bretagne.
Nous filons en effet à toute vapeur vers la
mer, mon excellent ami Georges et moi.
Aussi me semble-t-il rêver, moi dont l'horizon a toujours été borné, moi dont les
voyages ont eu pour limites extrêmes la
partie comprise entre *Vitry-le-Brûlé* et
*Frignicourt*, moi qui n'ai pu me donner
jusqu'à ce jour l'illusion du va-et-vient des

navires qu'en allant flâner au. *Pont-canal.*
L'idée que dans quelques heures je· me
trouverai en face de l'immensité de l'Océan
me hante toute la nuit et me tient éveillé.

*Vitré !* 5 minutes d'arrêt ! Je me réveille
en sursaut, car je me suis enfin assoupi
depuis une demi-heure, à partir de *Laval.*
Il fait presque jour et nous nous trouvons
en pleine Bretagne. Je ne puis me lasser de
voir défiler devant moi ces coteaux boisés
aux forêts verdoyantes, ces champs à cultures variées remplis de pommiers, ces
nombreuses prairies où bondissent des pou-
lains effarés.

Le train continue brusquement sa marche
en avant et les paysages les plus variés se
déroulent devant nos yeux. Tantôt ce sont
des fermes coquettes, situées au milieu des
vallons boisés ; tantôt ce sont des marais,
des étangs qui s'étendent à perte de vue et
dont la couleur argentée tranche sur la
teinte verdâtre des prairies, et enfin, toujours ces inévitables pommiers qui dans
ces contrées remplacent la vigne.

*Rennes !* Nous ne pouvons passer sans
visiter cette ancienne capitale de la Breta-

gne qui a laissé tant de souvenirs dans l'histoire. Mais à cette heure matinale les rues sont désertes, les volets sont hermétiquement clos, tout dort. Il ne nous reste plus qu'à examiner la *Vilaine*, dont les eaux calmes et noires, qui coulent au milieu de la ville, donnent un aspect triste et désolé aux monuments qui s'élèvent sur ses bords. Au milieu d'un étroit chenal formé par l'encaissement de cette rivière, si justement nommée, se trouve un bateau-lavoir dont le toit aux tuiles verdâtres, monté sur des poteaux vermoulus, semble menacer ruine, et nous fait craindre à chaque instant son effondrement sous les coups répétés des battoirs des lavandières. Il ne s'effondre pas, et mon copain qui s'attendait à repêcher une blanchisseuse en est pour ses frais.

Enfin la ville s'éveille, et nous en profitons pour aller prendre un bain, afin de réparer nos forces et laver nos figures passablement noircies. Je vous recommande à ce sujet une pratique bretonne que je n'ai jamais vu inaugurer dans nos établissements balnéaires. Avant de remplir la baignoire, on a le soin de la tapisser d'un grand drap blanc, lequel vous évite le contact avec les parois du récipient qui, malgré les plus grands soins de propreté, conserve toujours quelques traces de la crasse de celui qui vous a précédé. Bon ! un coup de sonnette, au moment où je me décide à sortir de mon étuve, et vite je me replonge dans l'eau savonneuse. Bien m'en a pris, car au même moment une petite trappe, située dans la porte, au ras du sol, s'ouvre, et un panier plein de linge, lancé d'une main vigoureuse, vient rebondir avec fracas sur les parois de ma baignoire. En écrivant ces lignes, je ne puis m'empêcher de frémir en songeant à ce qu'il serait advenu de mes jambes, si la crainte d'être surpris dans un costume des plus primitifs ne m'avait fait chercher un abri dans mon bain.

Enfin nous sortons sains et saufs, et même frais et dispos. La pluie a cessé et le soleil qui commence à darder ses rayons nous promet une belle journée. Nous parcourons à grands pas des rues larges, régulières, tirées au cordeau, bordées de larges trottoirs et de hautes maisons bâties sur un plan uniforme. Rennes, en effet, à la suite d'un incendie (1720) qui l'a détruit en grande partie, n'offre plus guère à l'observateur que l'aspect d'une ville ordinaire, propre, bien aérée. Fort heureusement pour le touriste, qu'autour de cette partie centrale, si régulière, s'enchevêtrent des rues étroites, tortueuses, mal pavées, bordées de vieilles maisons qui font espérer ample moisson aux amateurs d'archéologie.

Justement nous nous trouvons en face d'un bâtiment dont la vétusté attire tout particulièrement notre attention. C'est l'ancien couvent des Carmélites, fondé vers la fin du 17e siècle. Une arcade monumentale, suivie d'une voûte sombre, aux parois humides et verdâtres, donne accès dans une cour étroite, sale, mal pavée, entourée de constructions les plus bizarres, les plus hétéroclites. Ça-et-là des angles rentrants, des avancements, des pignons formés de pièces et de morceaux, munis de portes, de fenêtres, percées sans ordre, sans souci de la symétrie, et selon les besoins du moment. Ici, des cloisons, des ouvertures bouchées avec des débris de portes, d'armoires, de panneaux sculptés, derniers vestiges du temps passé. Là, des escaliers aux marches vermoulues, bordés de balcons ouvrés, informes et grossiers, raccommodés tant bien que mal, conduisent aux différents étages, où des guenilles balancées par le vent sèchent au soleil. Les murs dépouillés de leur crépi, de leurs ardoises, aux crevasses bouchées par des pièces de bois à peine équarri, donnent à cette cour des miracles un aspect fantastique, et nous nous attendons à chaque instant à voir apparaître un de ces personnages gravés par Callot.

Alléchés par ce spectacle tout nouveau pour nous, nous poursuivons notre excursion, recherchant de préférence les ruelles les plus étroites, les plus tortueuses. Mais je suis forcé de mettre un frein à la fureur archéologique de mon compagnon de voyage, qui, non content de pénétrer dans toutes les impasses et de les visiter jusque dans leurs moindres recoins, tâche de se faufiler dans les escaliers et même de s'insinuer dans l'intérieur des habitations. Du reste la faim commence à se faire vivement sentir et nous filons avec entrain vers le faubourg du même nom.

Après déjeuner, visite au *Thabor*, cette belle promenade des Rennais, au Jardin des plantes, ce beau jardin valloné, émaillé des fleurs les plus variées, et où se trouve un choix des conifères les plus rares, au feuillage toujours vert. Saluons en passant la statue de Duguesclin, le vaillant et courageux breton, et montons au sommet de la butte d'où le regard s'étend sur les campagnes environnantes. C'est un magnifique spectacle qui se déroule devant nos yeux et nous ne pouvons nous lasser de l'admirer. Mais il est l'heure de monter en wagon et nous quittons à regret cette ville si calme et si charmante.

C'est jour de marché, il y a foule à la gare, et on nous empile les uns sur les autres. D'abord, une femme tenant un affreux roquet qu'elle cache sous ses jupes, cherchant à le dérober aux regards vigilants des employés ; puis un couple qui monte chargé d'une quantité innombrable de paquets ; il y en a dans le filet, il y en a sous la banquette, dessus et même jusque sur nos genoux. Le Monsieur se démène, sue à grosses gouttes, et ne parvient pas à tout caser pendant que Madame surveille et commande. Bon ! un éclair, une vive admonestation ! Peut-être que le Monsieur a placé un carton de travers, mis sens dessus dessous le chapeau de Madame. Bigre ! pas commode du tout la petite dame. Enfin, en dernier lieu, montent 2 autres personnes un monsieur décoré, un militaire en retraite sans doute, suivi d'un géant barbu à l'air bon enfant, mais terriblement loquace. Il tient à la main un petit chien âgé de 8 jours à peine, et veut à toute force le présenter au roquet qui grogne et grince des dents à la vue du nouveau venu. La présentation faite, il s'enquiert de nos nouvelles, de nos santés, nous demande qui nous sommes, d'où nous venons, où nous allons et finalement nous raconte son histoire. Bercé par ce bavardage continu, étourdi par les rayons du soleil qui transforment notre wagon en une véritable serre, je m'assoupis et rêve. Mais je suis bientôt tiré de ma torpeur par une voix de tonnerre qui crie : « n'est-ce pas capitaine, que vous avez entendu siffler les

balles ? n'est-ce pas que vous les avez
saluées ? » On dirait à l'entendre, à voir les
gestes de cegéant bon enfant,qu'il en veut à
son compagnon de voyage d'avoir entendu
siffler les balles. Du tout, il tient seule-
ment à le faire valoir auprès de la compagnie ; et, à chaque minute, il nous répétera
ces paroles d'une voix de plus en plus ani-
mée: « n'est ce pas capitaine, que ? Ah! *Dol*,
buffet,si nous descendions prendre un verre.»
De fait, depuis le temps qu'il parle, il doit
avoir le gosier joliment sec. Mais il n'est
pas égoïste, il tient absolument à ce que
tout le monde descende avec lui au buffet.
Nous avons les plus grandes peines à lui
faire comprendre, mon copain et moi, que
nous n'avons besoin de rien, et il descend
en haussant les épaules de pitié.

La cloche sonne, encore quelques secondes
et le train va partir. Nous apercevons dans
le lointain notre homme et sa suite qui
courrent à toutes jambes. Mais par poli-
tesse, il ne veut monter que le dernier et
encore avec une sage lenteur. Aussi l'em
ployé impatienté, ferme brusquement la
portière et lui pince la main qu'il n'a pas

encore eu le temps de retirer. Il devient
blême sous la douleur, mais il se retourne
tranquillement et dit tout doucement, d'une
voix aussi calme que possible. « Ah ! mon
garçon, il ne faut pas faire cela. » Décidément
c'est un brave homme, et, j'en connais plus
d'un à sa place qui n'auraient pas été aussi
calmes. Il a eu mal, bien mal sans doute,
car nous ne l'entendons plus pendant tout
le reste du voyage.

Ne cherchez pas à voir la mer le long du
trajet, ne cherchez également pas à la voir
en gare de St.Malo; les maisons qui ont été
bâties près de ce point *terminus* de la
ligne de l'Ouest, interceptent la vue de la
baie. Malgré notre vive impatience nous
différons notre plaisir. Il est près de huit
heures, il est prudent de chercher un gîte
avant la nuit. Nous montons donc dans
l'omnibus qui nous conduit à *St. Servan*, à
l'hôtel du *Pélican*. Le gîte assuré, nous
descendons les rues étroites de la ville et
tout à coup, au détour d'une ruelle, entre
deux maisons nous apparaît une bande
lumineuse aux reflets argentés, qui se confond au loin à l'horizon avec la teinte rouge

feu du soleil couchant. C'est la mer ! Mais
la nuit baisse rapidement, nous nous arra-
chons à ce spectacle grandiose pour aller
goûter un repos que nous avons bien gagné.
Il y a trente-six heures que nous sommes
debout.

## Deuxième journée.

Allons ! debout paresseux !

Il est quatre heures et nous ne sommes pas venus ici pour dormir la grasse matinée. Point de réponse. Je secoue denouveau mon imperturbable dormeur. Cette fois quelques grognements sortent de dessous la couverture, puis Monsieur se retourne vers la ruelle et se rendort. Voyant l'inutilité de mes efforts, je descends dans la cour de l'hôtel, mais personne n'est levé, et ne connaissant pas encore les issues, je suis forcé de remonter dans ma chambre où j'attends jusqu'à 7 heures le bon plaisir de Monsieur.

Il fait un temps affreux, et le ciel, qui a revêtu une teinte grise uniforme est, loin de nous présager uneaccalmie. Néanmoins,

chargés de nos provisions de voyage, les
poches bourrées, nous nous dirigeons
vers la cale de St. Servan, au pied de la
célèbre tour du *Solidor*, d'où un vapeur nous
transporte en dix minutes à *Dinard*.

Dinard, situé de l'autre côté de l'embouchure de la Rance, ne ressemble en rien à
St. Servan. Tandis que St. Servan est la
ville du repos, la ville préférée de ceux qui
veulent goûter à peu de frais les plaisirs
de la mer, sans s'associer aux joies
bruyantes des casinos et des villes d'eaux
en vogue, Dinard est la ville aristocratique,
la ville des plaisirs, le Trouville de la Bretagne. Il y a quelques années, Dinard ne
comptait que quelques cahutes de pêcheurs.
Aujourd'hui tout est transformé. Rien de
plus joli que ces villas, ces châteaux aux
façades peintes de vives couleurs, aux styles
les plus fantaisistes, dont les jardins à végétation luxuriante s'étendent jusqu'au pied
du roc dont la mer a pris possession. Du
haut de la falaise où s'étagent ces magni-
fiques villas, on a une très belle vue, et le
spectacle qui s'étend devant nos yeux nous
dédommage amplement des fatigues de la

montée. Devant nous, la pleine mer avec
ses écuells, ses rochers de granit à fleur
d'eau. A droite, dans le lointain, St. Malo
qui disparaît presque dans la brume, plus
près de nous, St. Servan et l'embouchure,
de la Rance. Au-dessous, abritée des deux côtés, par les falaises qui s'avancent assez loin
dans la mer, s'étend la plage de Dinard qui
semble inviter le baigneur à venir s'ébattre
sur son beau lit de sable si fin et si blanc.

Nageur émérite, un des habitués les plus
connus de la *Fosse du moulin,* de la *Brèche,*
des *Trois-arbres,* je me promets de me
livrer à mon plaisir favori dans l'onde
marine, où, dit-on, il est plus facile de
nager qu'en eau douce. En effet, pour com-
mencer cela va très bien, trop bien même,
et sans m'inquiéter des cris de mon compagnon de voyage, je file vers la pleine mer,
lorsque soudain je ressens des prodromes
de lassitude qui m'étonnent et m'annoncent
qu'il serait peut-être temps de retourner.
J'avais compté sans l'action tannante que
l'eau de mer exerce sur les muscles, sans
les courants sous-marins, sans une foule de
choses inconnues qui paralysent mes mou-

vements. Malgré les brasses les plus savan-
tes, malgré les coupes les mieux exécutées,
je ne bouge pas de place, et ce n'est qu'après
les efforts les plus inouïs que je parviens
à regagner la plage, haletant, ahuri, vexé
d'avoir été vaincu dans cette lutte inégale.

Vers deux heures les nuages commencent à se dissiper; toujours bourrés de nos
provisions, nous profitons de cette éclaircie
pour gagner St. Malo, distant de St. Servan
d'un kilomètre à peine. Laissant de côté le
sillon, longue bande de terre, étroite chaussée qui relie au continent le rocher sur
lequel a été bâtie la cité malouine, nous
nous dirigeons vers le bras de mer qui
sépare St. Malo de St. Servan. On
le traverse au moyen d'un *pont roulant* des plus ingénieux, qui ne gêne en
rien la circulation des nombreux navires
qui viennent jeter l'ancre dans les immen-
ses bassins à sec à marée basse. Imaginez-
vous une plate-forme de 4 à 5 mètres,
montée sur 4 tiges de fer de 12 mètres de
hauteur, qui glissent sur des rails placés au
fond même de la mer. Au moyen de chaînes
sans fin, mues par une machine à vapeur,

ce pont quitte la rive, et, pour la modique somme de 5 centimes, vous transporte à St. Malo, non sans vous avoir secoué, et de la belle façon.

Nous nous trouvons en présence de hautes murailles de granit, flanquées de grosses tours qui encadrent les principales portes de la ville, dont on n'aperçoit du dehors que le clocher pointu, dont la longue flèche de granit s'élance vers le ciel. Au moment de pénétrer dans cette enceinte, il nous revient à la mémoire cette chanson si populaire :

Bon voyage M. Dumolet ! etc. etc.

Et instinctivement nous tâchons de nous garer des morsures. C'est qu'au siècle dernier une ou deux douzaines de bouledogues, avaient été dressés à la garde de la ville. Renfermés dans le jour, on les lâchait la nuit, et malheur à l'imprudent qui s'aventurait dans ces parages. Mais les représentants actuels de la race canine sont plus hospitaliers, et, nous pouvons franchir sans crainte la porte de St. Vincent, près de laquelle s'élève la fameuse tour de *Quiquen-*

3

*grogne* que la reine Anne fit élever en 1498,
malgré la vive opposition de l'évêque ; faisant même graver, pour le narguer, ces
mots sur la façade extérieure:

« *Qui qu'en grogne, ainsi sera, c'est
mon bon plaisir.* »

Bâti sur un rocher, autrefois l'île d'Aaron,
ceint de hautes murailles, St. Malo ne peut
s'étendre et est condamné à rester tel
pendant des siècles, à moins que la mer qui,
petit à petit gagne du terrain, ne le fasse
un jour disparaître sous les flots C'est un
fouillis indescriptible de rues étroites, de
ruelles tortueuses qui montent, descendent,
se croisent, s'entrecroisent, véritable dédale
où l'air et la lumière ne circulent qu'à
grand peine. Dans cette ville, à peine la
moitié de Vitry, et cependant beaucoup plus
populeuse (11,000 habitants), tout a été
utilisé et les moindres recoins ont servi à
la construction des habitations, pressées
les unes contre les autres, sans vide d'aucune sorte. C'est à peine si on trouve une
éclaircie, une petite place grande comme
un mouchoir de poche, où végètent quelques tilleuls maigres et rabougris. Il sem-

ble qu'on ait voulu gagner en hauteur, ce qu'on ne pouvait avoir en largeur, car presque toutes les maisons ont 4 étages. La plupart portent le millésime du 17ᵐᵉ siècle, et paraissent aussi intactes qu'au siècle où elles ont été construites ; c'est que bâties en granit, elles sont aussi inébranlables que le roc sur lequel elles reposent. Rien de plus pittoresque que cet amas de vieilles maisons, si différentes d'aspect, percées d'une quantité considérable d'ouvertures, bordant des rues si étroites, que même dans les plus larges, c'est à peine si deux voitures peuvent passer de front. En véritables amateurs, nous nous enfonçons dans les ruelles les plus étroites, les plus tortueuses, jusqu'au moment où, manquant d'air, suffoqués, nous sommes obligés de gagner en toute hâte les remparts pour respirer à pleins poumons.

Du haut des remparts, du chemin de ronde, on a une très belle vue de mer, qui change suivant qu'on les parcourt à marée basse ou à marée haute. En ce moment, à 4 mètres au-dessous de nous, la mer, qui dans les fortes marées vient frapper le haut des

remparts et même les franchir, se retire
tout doucement et les rochers à fleur d'eau
commencent à montrer leurs carcasses
noircies. Devant nous se dresse l'île de
Cézembre, dont la plage d'un blanc éclatant,
se détache au loin sur la teinte grise uniforme des rocs qui l'entourent. Plus près
de nous se trouvent le fort national, le
grand bey, le petit bey auxquels on n'accède
qu'à marée basse..En attendant que le pierré
qni conduit au grand bey soit à découvert,
nous sautons de rocs en rocs, glissant sur
les varechs, les goëmons aux fruits vési-
culeux qui éclatent sous le pied, respirant
à pleins poumons l'odeur iodée et saline qui
monte de la mer. Quelques minutes après
nous escaladons le rocher du grand bey qui
s'élève à une hauteur vertigineuse au dessus du niveau de la mer. A la pointe extrême
du roc, tournée vers le large, se dresse une
pierre tumulaire, surmontée d'une simple
croix de granit : c'est le tombeau de Châ-
teaubriand. Quand l'auteur d'*Atala*, de
*René*, des *Natchez* priait le maire de St.
Malo de lui accorder cette concession, il
est fort probable qu'il pensait y dormir de

son dernier sommeil de toute éternité. Mais si j'en juge par les énormes rocs qui se sont détachés du flanc de la montagne, si j'en juge par la violence des vagues qui viennent se briser contre le roc et le creuser à sa base, il arrivera un moment, peut-être très rapproché, où le sommet s'effondrera dans la mer qu'il surplombe..

Tenant d'une main la grille du tombeau, penché sur l'abîme dont on n'est séparé que par quelques centimètres, si on ne craint pas le vertige, on peut jouir tout à son aise de la plus belle vue de mer qu'il soit possible de voir autour de St. Malo. Le regard qui n'est plus gêné par les rochers qui émergent au dessus des flots, s'étend très loin sur une immense nappe d'eau, tantôt unie comme un miroir, tantôt ridée et formée de vagues colossales qui roulent avec fracas les unes sur les autres. L'impression est telle que je me découvre avec respect et reste plongé dans le plus profond recueillement, jusqu'au moment où une pluie torrentielle vient nous rappeler à la réalité, et nous n'avons que le temps de nous réfugier

dans St. Malo, dont les rues sont transfor-
mées en véritables torrents.

Nous rentrons vivement à l'hôtel et nous
déballons nos provisions que nous avons
eu le courage de trimbaler toute la journée,
et nous nous apprêtons à y faire honneur.
Mais, pouah ! notre veau rôti, un veau de
Champagne qui vient de faire près de 300
lieues, n'a pu supporter le voisinage de la
mer, et il est impossible de le manger. Plus
de table d'hôte, et nous arpentons à 8 heures du soir les rues de St. Servan, par une
pluie diluvienne, sans trouver trace d'un
restaurant quelconque, et jurant mais un
peu tard qu'on ne nous reprendrait plus à
nous charger de provisions d'aucune sorte.
Georges a bien un parapluie, mais il avait
jugé prudent de l'ouvrir sur le grand bey et
la bourrasque n'en a fait qu'une bouchée. Il
tient en ce moment à la main, d'un air piteux,
une espèce de canne à laquelle pendent des
baleines, des lambeaux d'étoffes qui ne peuvent nous être d'aucune utilité. Enfin, trem-
pés jusqu'aux os, nous venons échouer dans
un caboulot assez propre, où on nous sert
du.. veau rôti, mais pas piqué cette fois.

## TROISIÈME JOURNÉE.

En route pour Granville par le steamer
la *Bretagne*. Si j'allais... hum ! de St. Malo
à Granville, pendant 3 heures ? Ma foi tant
pis ! En route pour Granville, advienne
que pourra. Dès 8 heures du matin nous
traversons St. Malo, et nous nous dirigeons
vers le grand bey où le steamer doit attérir.
Beau ciel, point de nuages à l'horizon, le
temps semble être définitivement au beau.
Mais la mer monte plus vite que de coutume,
il paraît que la *Bretagne* ne pourra aborder
au point indiqué et qu'elle fera escale à St.
Malo, à la porte de Dinan. En effet, le steamer qu'on aperçoit de loin, au lieu de filer
droit sur nous comme c'était indiqué, se
dirige en droite ligne vers la porte de
Dinan et nous n'avons que le temps de piquer

une course vertigineuse dans St. Malo, si nous ne voulons pas le manquer.

Enfin nous y sommes. Un violent coup de tangage nous précipite les uns sur les autres, c'est le navire qui se met en marche, et les balancements d'avant en arrière (tangage), de droite à gauche (roulis), tantôt forts, tantôt faibles, suivant le plus ou moins de violence des vagues se succèdent sans interruption. Je m'habitue très bien à ces mouvements alternatifs, et je respire à pleins poumons un air pur et vif. Nous passons devant de nombreux rochers, laissant à notre gauche les îles Chaussey, et à notre droite le mont St. Michel, dont la silhouette se détache dans la brume à l'horizon.

Mais que se passe-t-il donc à bord ? Pourquoi ce silence subit, ces mines effarées ? Qu'ont donc les trois bretonnes qui tout à l'heure riaient et jacassaient de si bon cœur ? C'est la mer qui commence à faire son effet et les passagers de la *Bretagne* sont en train de lui payer leur tribut. J'en connais qui ingurgitent force pastilles de chloral et n'en paraissent pas plus

gaillards. Une des bretonnes que le mal n'a
pas encore atteint, jacasse comme une pie,
et nous raconte que le mal de mer n'a pas
prise sur elle et qu'elle ne l'aura jamais,
Mais, tout en causant, son visage pâlit, sa
figure prend des reflets verdâtres ; elle filo
sans bruit et je la vois de loin appuyée sur
les bastingages, occupée à regarder la mer
d'un air rêveur. Pendant ce temps les passagers mâles avalent force rasades, qu'en
gens bien appris, ils s'empressent de par-
tager avec les poissons. Quant à moi je ressens un bien-être inexprimable et je ne
puis me lasser de regarder la mer qui nous
environne de toutes parts.

La mer qui, il n'y a qu'un instant, était
calme, unie comme une glace, se soulève
tout à coup ; les vagues déferlent et viennent retomber sur le pont, en nous inondant
d'eau salée. Un grain se prépare et nous
tâchons de l'éviter en abordant au plus vite
à Granville, dont les maisons, disposées en
amphithéâtre, commencent à se dessiner
devant nous. Mais l'entrée du port est
étroite et difficile et ce n'est qu'après avoir

4

été vivement secoué que nous pouvons pénétrer dans la rade.

Nous ne sommes plus en Bretagne, mais en Normandie. La côte n'a plus du tout le même aspect ; au lieu de plages sablonneuses de hautes falaises à pic. Dans le port l'animation est très grande, c'est un va-et-vient d'une population cosmopolite occupée à décharger les nombreux navires, qui vont au loin faire le commerce de bois ouvrés ou de poissons salés. Rien de plus curieux que ces grappes humaines, adossées contre les barreaux des échelles, qui se passent de main en main les milliers de morues salées que recèlent les flancs du navire. D'un autre côté une voie ferrée qui traverse la ville au ras du sol, en pleine rue, est continuellement sillonnée par les nombreux trains qui mènent les marchandises du port à l'embarcadère du chemin de fer, et vice versâ.

Granville n'a rien de particulier, il diffère cependant beaucoup de St. Servan et de St. Malo que nous venons de quitter. On voit qu'on se trouve dans une ville plus rapprochée de la capitale et par conséquent plus

fréquentée par les touristes parisiens. Si
à St. Malo, à St. Servan, il est assez difficile de trouver, en dehors des hôtels, des
restaurants à la carte, il n'en est pas de
même à Granville, car, à peine sommes
nous débarqués, que des affiches réclames
s'étalent à nos yeux et nous offrent pour
un prix déterminé des repas à faire rougir
un Sardanapale. Nous n'avons que l'embar-
ras du choix.

Mais nous ne sommes pas venus desi loin
pour nous attarder à ces menus détails.
Voir la mer sous toutes ses faces, sous tous
ses aspects, tel est le but de notre voyage
et nous n'avons garde d'y manquer. Suivez
nous donc, si vous le voulez bien, vers le
casino, et là nous monterons un escalier
gigantesque qui nous conduira en haut de
la falaise, d'où nous dominerons la mer de
tous côtés, à gauche, à droite, et même en
avant. Malheureusement de ce dernier
côté la vue est très limitée car la falaise, qui
s'avance assez loin dans la mer, se trouve
à cet endroit couronnée de maisons qui
gênent la vue. Néanmoins le coup d'œil est
charmant, tellement beau même, que pen-

dant l'espace d'une heure je n'hésite pas à remonter 4 fois en haut de cette falaise beaucoup plus élevée que notre église. Je me serais peut-être décidé à y remonter une cinquième fois, si l'orage qui menace ne nous avait pas engagé à regagner au plus vite la *Bretagne*, du reste sur son départ. En route nous rencontrons nos bretons et bretonnes qui, remis de leurs émotions, chantent à tue-tête, dansent au milieu de la rue. Gare le retour.

Le ciel s'assombrit de plus en plus, et la pluie tombe à torrents au moment où la *Bretagne* va lever l'ancre. La mer est plus houleuse, et les oscillations du navire commencent à devenir de plus en plus vives, pendant que l'ouragan déchaîné nous enserre de toutes parts et inonde d'eau le pont du navire. Plus rien à l'horizon, nuit à peu près complète ; nous assistons à une petite tempête minuscule qui n'a rien de désagréable. Aussi le pont est-il en grande partie abandonné et nous entendons du haut de la passerelle les cœurs sensibles qui font chorus avec l'ouragan. J'essaie bien d'aller me réchauffer dans les cabines, car

cette pluie glacée me pénètre jusqu'aux os,
mais l'odeur fade et nauséabonde qui s'en
dégage, l'air surchauffé qu'on y respire me
font vite rebrousser chemin, et je regagne
en toute hâte la passerelle, où du moins on
respire un air vif et pur.

La pluie ne cesse pas de tomber jusqu'au
moment où nous débarquons au grand bey.
Après un temps de galop, nécessaire pour
réchauffer nos membres transis, nous rentrons dans nos pénates, emportant un sou-
venir durable de ce charmant voyage que
nous voudrions bien recommencer. Malheureusement la *Bretagne* ne fait ce trajet que
3 fois environ pendant la saison d'été, et
c'est une véritable chance pour nous, que
d'être arrivés ainsi à point pour profiter de
cette traversée qui dure environ 6 heures,
aller et retour.

## QUATRIÈME JOURNÉE.

Ce matin le vent souffle du Nord et sa
violence est telle qu'il menace à chaque
instant de nous faire perdre l'équilibre. La
mer fortement houleuse soulève des lames
énormes qui retombent en une écume blan-
châtre que le vent disperse aussitôt en fines
gouttelettes. Les sifflements aigres, discor-
dants du vent, mêlés au choc des vagues
qui viennent se briser contre les rochers,
produisent un bruit assourdissant. C'est le
moment de faire un voyage en mer, en
barque de pêcheur, car il est présumable
que pendant notre court séjour à St. Malo
nous n'aurons pas l'occasion de retrouver
une mer aussi agitée. Du reste, depuis
notre départ, mon excellent ami Georges
me promet le mal de mer, et dut-il l'avoir

dix fois, cent fois plus fort que moi, il tient absolument à faire honneur à sa promesse et à me faire éprouver une sensation qui m'est encore inconnue.

Nous nous embarquons donc sur le bac de Dinard, à la recherche d'un bateau-pêcheur qui par ce temps de houle, consente à nous prendre à son bord. C'est jour de marché et le quai présente un spectacle assez curieux. C'est un va-et-vient, un brouhaha indescriptible. Paysans, paysannes vont, viennent, dans un effarement comique, et entassent pêle-mêle leurs caisses vides sur le pont, sans souci de la sécurité des voyageurs qui ne tardent pas à disparaître derrière un rempart de caisses dont la propreté est plus que douteuse. Pendant ce temps un grand roux, à l'air bon enfant, préside à l'embarquement et bouscule les retardataires en roulant des yeux qu'il s'efforce en vain de rendre féroces. Enfin la cloche sonne, le bateau s'ébranle, les hommes s'allongent dans leurs caisses, à même la paille, pendant que les harpistes et les violonistes italiens écorchent à qui mieux mieux le répertoire moderne, et dix minutes après nous sommes à Dinard.

Après quelques difficultés un pêcheur consent à nous mener à l'île de Cézembre et pour faciliter notre embarquement se dispose à aller attérir à la cale. Mais pour qui nous prend-il donc celui-là ? Pour de vulgaires terriens, sans doute ? L'extrémité du mât se trouve au niveau du quai, à un mètre environ du bord un bond dans l'espace, et saisissant une corde nous nous laissons glisser et, en moins de temps qu'il n'en faut pour écrire ces lignes, nous sommes dans le bateau au grand ébahissement des matelots présents.

Seuls au milieu de cet océan en courroux, dans une coquille de noix à deux mâts, guère plus grosse qu'un de nos bateaux de pêche ordinaire, nous nous dirigeons vers l'île de Cézembre, où en temps ordinaire une demi-heure suffit pour aborder. Mais vu la violence des courants aériens nous sommes obligés de louvoyer, tantôt à droite, tantôt à gauche, afin d'éviter d'être pris en travers par le vent qui nous ferait infailliblement chavirer. A chaque instant le bateau, soulevé par une vague énorme, s'élève à

une hauteur considérable, puis retombe
brusquement en plongeant la pointe en
avant, en même temps que la vague, passant par dessus nos têtes, nous inonde d'eau
salée. Suspendu à l'avant du navire, je
hume avec délices cet air vif et frais qui
fouette le visage et fait tant de bien. Mais mon
compagnon de voyage, tout en chantonnant
pour se donner une contenance, commence
à contempler avec des yeux hagards un
certain baquet que les pêcheurs prévoyants
ont mis à notre disposition. Le branle bas
commence, et il ne se passera pas de minutes sans que des efforts convulsifs viennent
l'ébranler et le secouer dans tout son être.
Pendant ce temps notre bateau court des
bordées de droite et de gauche et contourne
en tous sens l'île de Cézembre sans pouvoir
aborder. Il y a près de deux heures que
nous faisons ce manége sans être beaucoup
plus avancé. A chaque instant on change
la voile de côté, et à chaque manœuvre,
nous sommes également obligés de virer
de bord. Cramponné après la voile, après
le mât, pour ne pas être renversé par les
bonds prodigieux qu'exécute notre barque,

je me livre à une gymnastique des plus
drôlatiques pour atteindre l'autre bord et
venir en aide à mon ami Georges, qui fait
les plus prodigieux efforts, pour transpor-
ter son baquet. Ce serait comique, si ce
n'était pas aussi triste, et les souffrances
qu'il endure me gâtent tout le plaisir de ce
charmant voyage. Aussi, bien que les matelots nous promettent d'accoster dans dix
minutes au plus, nous donnons le signal du
retour. Nous virons de bord et soudain à la
tempête succède le calme plat, mais soudain
aussi je sens comme un cercle de fer qui
m'enserre le crâne au point de me le briser et
je ressens un malaise général que je ne puis
définir. Mais ces prodromes sont de courte
durée et quelques minutes après tout disparaît comme par enchantement, au grand
regret de Georges qui, complètement remis,
commençait à se réjouir intérieurement de
me voir enfin sensible aux caresses violen-
tes de la mer. Mais il a beau dire et beau
faire je continue à y rester insensible et ce
léger malaise disparu, j'éprouve la plus
grande satisfaction à être bercé par les mouvements rythmiques du bateau qui, main-

tenant poussé par le vent, file vers St. Malo
avec une rapidité vertigineuse.

Dessus ou dedans a dit dernièrement notre
excellent ami G. C., dans la relation de son
voyage au *Tréport*, et c'est un précepte
que nous avons également mis en pratique.
Nous sommes à marée haute et la mer vient
baigner les murs de St. Malo. La jetée
regorge de monde. Des femmes, des jeunes
filles en grandes toilettes, assises par
groupes, babillent et regardent d'un œil
rêveur les ébats des baigneurs, pendant que
les hommes, appuyés contre la balustrade,
le monocle ou la lorgnette à l'œil, contem-
plent les mouvements ondulés des baigneu-
ses à sensation. Derrière cette foule se
trouvent les cabines, et pour gagner la mer
il est nécessaire de se frayer un chemin à
travers les groupes, ce qui n'a rien de bien
agréable, surtout quand on est affublé d'un
vêtement flottant dont les mesures semblent
avoir été prises sur une guérite. Toutefois,
j'en prends mon parti, et traversant, non
sans rougir, les groupes féminins, je gagne
en toute hâte l'élément liquide. Il n'était
que temps ! Mon indispensable trop lâche

menaçait de me quitter depuis quelques
instants, et à peine suis-je dans l'eau qu'il
coule au fond où je suis obligé de le suivre
pour réparer le désordre de ma toilette.
Me voyez-vous à mon retour obligé de
retraverser les groupes dans un costume
des plus primitifs ou d'attendre que les
ombres de la nuit viennent faire un voile à
ma pudeur. Fort heureusement qu'un
marinier me prête une corde et je puis enfin
regagner ma cabine sans crainte d'accident.

La plage de St. Malo se continue en ligne
droite sur une longueur de plusieurs kilomètres, jusqu'à la pointe de la Varde, à
proximité de Rothéneuf. La mer en se reti-
rant laisse à nu une large étendue de sable
fin où les enfants viennent prendre leurs
ébats. Mais bien que ce lit de sable ait une
certaine consistance, il ne constitue pas à
proprement parler un lieu de promenade,
car, dans plusieurs endroits, notamment du
côté de Paramé, les sables sont légèrement
mouvants, foncent sous le pied, et rendent
la marche fatigante. Aussi voulant par-
courir une longue distance nous suivons de
préférence la chaussée du sillon, construc-

tion gigantesque, large route de granit qui
s'élève à 3 ou 4 mètres au-dessus du niveau
de la mer, qu'elle longe en ligne droite sur
un parcours de plusieurs kilomètres. Cette
route qui a vue sur la mer du côté gauche,
est bordée à droite par des châlets, des
villas aux styles les plus divers, de somp-
tueux casinos qui pour le moment paraissent déserts. Bien que l'heure soit assez
avancée et que la nuit tombe insensible-
ment nous gagnons Paramé, Rothéneuf, et
tout en devisant de choses et d'autres, nous
nous enfonçons dans l'intérieur des terres,
jusqu'au moment où la nuit nous surprend
dans un pays inconnu, au milieu d'un car-
refour où débouchent quatre routes.

Comme, vu notre ignorance de la localité,
nous n'avons pas intérêt à prendre l'une
plutôt que l'autre, nous suivons la première
venue et au bout d'une heure de marche
nous nous trouvons dans un nouveau car-
refour où viennent aboutir plusieurs che-
mins. Cette fois il s'agit de s'orienter. Pendant que je fais des efforts inouïs pour
grimper le long d'un poteau indicateur, et
constater que le dit poteau n'indique rien

du tout, Georges, que la perspective de cou-
cher à la belle étoile n'effraie pas outre
mesure, se livre à des entrechats fantasti-
ques et chante à tue-tête:

Chantez fantômes et gnômes, dansez farfadets, etc., etc.

Mais veux-tu bien te taire animal ! Com-
ment oses-tu te livrer à de pareilles incan-
tations dans la patrie des gnômes et des
farfadets ? Veux-tu donc que les Korrigans
nous ensorcellent et nous condamnent à
errer toute la nuit sans pouvoir retrouver
l'hôtel où nous sommes descendus? Au même
instant débouche d'un sentier, une vieille
fée, sous les traits d'une vieille paysanne
rabougrie, montée dans une carriole traî-
née par un âne, dont elle accélère la marche au moyen d'un sceptre feuillu, qu'elle
brandit majestueusement et semble incliner
vers nous, comme si elle voulait attirer sur
nous les maléfices des gnômes, des lutins
que nous venons d'évoquer. Nous lui deman-
dons notre chemin le plus respectueusement
possible, mais au lieu de s'arrêter pour nous
répondre, elle active de nouveau la marche
de sa monture, tout en baragouinant avec

volubilité un langage inintelligible auquel
nous ne comprenons rien. Pour tâcher de
saisir dans ce flux de paroles une indication
qui puisse nous mettre sur la voie, nous
trottinons derrière ce maudit animal qui
semble avoir retrouvé ses forces pour nous
narguer, et haletants, fourbus, épuisés, nous
arrivons en gare de St. Malo, au moment où
la vieille nous crie enfin en bon français,
d'une voix formidable : *et toujours tout
droit.* Mais, après avoir suivi la ligne
droite pendant une assez longue distance,
la route se bifurque, et nous hésitons sur
la voie à suivre. Fort heureusement que
nous rencontrons un groupe de matelots,
qui nous disent de prendre la première rue
à droite, la seconde à gauche: *et toujours
tout droit.* Or, ce fameux toujours tout
droit aboutit à l'angle d'une maison, où la
route se bifurque encore et nous rend de
nouveau perplexes. Enfin après avoir monté
et descendu, remonté et redescendu un
nombre incalculable de fois les rues de St.
Servant, dans l'obscurité la plus complète,
nous finissons par retrouver *l'hôtel du
Pélican.*

## Cinquième journée.

La route de *Rennes*, s'il vous plaît ?

La première à droite, la deuxième à gauche : *et toujours tout droit*. Nouveaux venus dans ce pays, nous en prenons vite les habitudes, et c'est spontanément que nous donnons ce renseignement sans penser un seul instant qu'il induira certainement en erreur celui auquel il s'adresse. Mais il est trop tard pour réparer notre bévue ; en route pour *Dinan*. Surtout n'oubliez pas d'aller à Dinan par la Rance, c'est ravissant, nous a-t-on dit avant notre départ pour la Bretagne. Bien que nous n'ayons entrepris ce long voyage que pour voir la mer, uniquement pour la mer, nous nous décidons cependant à suivre ce conseil et à embarquer sur l'*Ille et Rance* qui fait cha-

que jour le trajet entre St. Malo et Dinan.
Mais à peine le bateau vient-il de s'ébranler
que trois passagères en retard accourent,
et hèlent le capitaine qui ne peut que ralen-
tir la marche de son navire et les engager
à accoster, dans le plus bref délai, avec un
bateau de pêche. Vite, elles se précipitent
dans une chaloupe, les marins font force
de rames, suent à grosses gouttes et par-
viennent à accoster au moment où notre
vapeur allait sortir du bassin. Cette promp-
titude méritait un bon pourboire, aussi
nos trois passagères tirent leur bourse
avec une sage lenteur, et, pour prix de leur
course, jettent chacune un sou aux matelots
ébahis et furieux ; puis, fières de leur
exploit, gagnent leur place au milieu des
rires étouffés des spectateurs de cette scène.

Notre bateau quitte enfin la rade et, après
avoir décrit une courbe gracieuse, passe
devant la tour du *Solidor* et s'engage dans
la large embouchure de la Rance, encaissée
entre deux hautes collines couronnées de
bois, au milieu desquels se détachent des
châteaux pittoresques. Voici, à notre gauche, la *pointe de la Vicomté*, à notre droite,

le château de *Vau-garni*, puis plus loin, le
village de la *Richardais, la maison des
égorgés, Jouvente*, etc., etc.

A chaque instant les rives changent d'aspect, tantôt ce sont des rochers escarpés
aux pentes abruptes, tantôt ce sont des
vallons boisés, des coteaux recouverts d'un
lit de gazon verdoyant, émaillé de bruyères
aux fleurs roses. La rivière, dont le cours
est sinueux et très accidenté, change également de physionomie ; tantôt elle se res-
serre brusquement, se canalise, puis subi-
tement s'élargit pour former de vastes
nappes d'eau, la plaine de Mordreuc, et le
lac de St Suliac, large de plus d'un kilomètre. Après avoir passé devant St Suliac,
Landgrolay, le Chêne vert, Mordreux, la
Rance se rétrécit de plus en plus, et, se
trouve obstruée, par places, par des terrains
boueux qui forment comme une espèce de
marécage, à peu de distance de l'écluse du
Châtelier. Sur le bord de l'écluse, à peine
assez large pour le passage de notre vapeur,
nous attendent 3 couples de mendiants,
vieux, déguenillés, perclus, qui font ample
moisson de sous que les touristes leur jet-

tent à profusion. Quelques uns paraissent plus favorisés, aussi quels yeux féroces roulent ceux auxquels la fortune n'a pas souri. N'était la crainte des passagers, je crois qu'ils n'hésiteraient pas, tant leurs regards paraissent chargés de haine, à frapper de leur bâton ceux qui pour le moment jouissent de la faveur du public.

Enfin, l'écluse est franchie, et la Rance s'élargit de nouveau, puis se rétrécit et devient canalisée aux approches de Dinan, qui apparaît brusquement à notre droite avec ses hautes murailles et ses maisons pittoresques, étagées sur le flanc de la colline. A notre gauche s'élève un viaduc d'une beauté grandiose, bâti en granit, en 1846, par M. Fessard. Ce viaduc, long de 250 mètres, haut de 40, formé de 10 arches de 16 mètres d'ouverture, passe, à bon droit, pour un chef-d'œuvre des temps modernes.

Chateaubriand a dit dans ses Mémoires que les bords de la Rance mériteraient seuls d'attirer l'attention. Certes c'est beau, c'est grandiose même, mais c'est un spectacle auquel nous sommes accoutumés, nous autres terriens, et, rien pour nous ne vaut

l'aspect de la mer vue du rocher du grand
bey. Aussi j'ai hâte de revenir, et malgré la
vive opposition de mon compagnon qui,
plus raisonnable, voudrait visiter Dinan,
je l'entraîne et lui fait gravir au pas accé-
léré une côte raide et escarpée qui nous
mène à la gare, où nous prenons la patache qui fait le service de Dinan à Dinard.
Grimpés sur l'impériale de cette voiture qui
ressemble en tous points à celle qui faisait
autrefois le service entre Vitry-le François
et Brienne, nous pénétrons dans l'intérieur
des terres. Il y a à peine dix minutes que
nous sommes en route, lorsque le conducteur nous fait savoir qu'il ne serait pas du
tout insensible à l'offre d'une bouteille de
cidre. Les conducteurs sont comme les con-
cierges, il faut en passer par où ils veulent,
sous peine d'éprouver quelque désagrément,
et, sous sa conduite, nous pénétrons dans
une petite auberge très proprette, où se
trouvent des meubles antiques, luisant,
d'une propreté exquise, qui certes ne dépa-
reraient pas le musée de Cluny. D'abord,
une haute armoire de chêne soigneusement
cirée, polie comme un miroir, fouillée aux

angles de sculptures entremêlées de cuivres
brillants comme l'or, A côté, une espèce de
boîte monumentale également sculptée, de
la même hauteur que la chambre, percée
au centre d'une ouverture d'un mètre carré
à peine, et, garnie de rideaux, c'est le lit.
On y accède au moyen d'un large escabeau
en bois qui s'ouvre, et sert de réceptacle
aux habits de gala. A côté du lit, une vaste
cheminée, comme on en voit encore dans
nos campagnes, dont l'âtre, élevé de 20 à 25
centimètres, supporte des landiers ciselés,
brillants comme de l'argent. Le sol, en terre
battue, paraît si propre qu'on le prendrait
pour un parquet ciré, et pour nous servir,
2 bretonnes accortes, au gentil minois, coif-
fées de coiffes et de cornettes d'une blancheur immaculée.

En sortant de là nous traversons des prairies, des vallons aux pentes rapides et boi-
sées, des champs à cultures variées et d'im-
menses étendues de culture de tabac.

A Pleslin, petit village fort coquet, notre
conducteur nous laisse de nouveau entendre,
qu'il prendrait bien volontiers une bolée de
cidre, désir auquel nous accédons avec

empressement dans l'espoir de voir une
auberge aussi curieuse que la première.
Mais nous sommes déçus, c'est une auberge
fort ordinaire. A partir de Pleslin la scène
change d'aspect ; à perte de vue, à droite
et à gauche de la route s'étend une immense
plaine, où ne poussent que des ajoncs et
des herbes sauvages, ce sont les landes. Ce
n'est pas que dans ces contrées les terres
ne soient point fertiles, bien au contraire elles
sont excellentes et seraient d'un bon rapport si elles étaient cultivées. Mais les
villages d'alentour ne sont habités que par
des marins qui trouvent plus de profit à
aller pêcher sur les côtes de Terre-Neuve
qu'à cultiver la terre. De sorte que, pendant
la majeure partie de l'année, il ne reste
dans ces campagnes que des enfants, des
femmes, des vieillards qui ne peuvent suf-
fire aux durs travaux agricoles.

Nous nous arrêtons enfin dans un grand
village, aux maisons bâties en rocailles, c'est
Pleurtuit. Le conducteur nous fait de nouveau signe, mais nous l'envoyons promener.
Que le diable l'emporte lui et ses bolées de
cidre, le moindre pichenet de vin blanc de

Huiron ou de Courdemanges ferait bien
mieux notre affaire. Mon copain en profite
pour s'introduire dans les maisons, et, tout
en se faisant servir tantôt de la mercerie,
tantôt des saucissons, admire tout à son
aise des poutres mal équarries, des bouti-
ques informes, des taudis qui n'ont de particulier que leur vétusté.

Mais déjà le conducteur fait claquer son
fouet, il est temps de regrimper sur notre
siège, et, quelques minutes après, nous traversons au grand trot les rues de Dinard,
et du haut de notre observatoire, entre les
éclaircies des maisons, nous revoyons avec
joie, la mer cette vieille amie qu'il nous
semblait avoir quittée depuis un siècle.

## Sixième journée.

En voyage, il ne faut pas perdre de temps, et actifs comme nous le sommes, nous voulons voir le plus de pays possible dans un laps de temps relativement très court. Aussi ce matin dès l'aube nous grimpons sur l'impériale de la patache qui va de St. Malo à Cancale. Nous suivons cette belle chaussée du sillon qui longe la mer jusqu'à Paramé, que nous laissons sur notre gauche, pour nous enfoncer plus avant dans l'intérieur des terres. Notre cocher n'est pas aussi altéré que celui de la veille et nous passons rapidement, sans nous arrêter au milieu des villages.

Après avoir traversé Saint Coulomb, passé devant le manoir de Plessis Bertrand qui fut la résidence de Duguesclin, nous ne

7

tardons pas à voir apparaître, en haut de
la falaise, les maisons grises et blanches
de *Cancale*. En bas d'une descente fort
rapide se trouvent la plage et le petit village
de la Houle, le port de Cancale. Pour le
moment nous sommes à marée basse, et c'est
à peine si nous pouvons apercevoir la mer,
tant elle se retire à des distances considé-
rables, nous n'avons devant nous qu'une
plage immense bien différente de celles de
St. Malo ou de Paramé. Au lieu d'un lit de
sable fin, des terrains boueux, des cailloux
et quantité de bateaux échoués, couchés
sur le flanc. C'est une vaste baie, en arc de
cercle, bordée par les maisons du village,
et limitée à droite par de hautes falaises à
végétation luxuriante, et à gauche par la
jetée qui s'avance assez loin dans la mer.
C'est de l'autre côté de cette jetée que se
trouve le fameux parc aux huîtres qui fait
la renommée de cette bourgade. Imaginez-
vous un vaste quadrilatère, divisé en nombreux carrés, séparés les uns des autres
par des sentiers étroits, et bordés de petites
haies de 15 à 20 centimètres de hauteur, et
vous aurez une idée à peu près exacte du

parc aux huîtres, à sec en ce moment. Mais
ce que vous ne pourrez vous imaginer, c'est
la boue grisâtre dans laquelle on enfonce
et qui empêche l'accès des parcs. Pour y
arriver, il nous faut prendre les plus grandes
précautions, pour éviter de nous salir outre
mesure. Mais une dame en grande toilette,
qui se trouve devant nous, ne fait pas tant
de façons ; retroussant ses jupes jusqu'aux
genoux, elle entre bravement dans ce terrain boueux, dans lequel elle enfonce de
plus en plus ; la curiosité l'emporte sur la
coquetterie.

Apres déjeuner transformation complète
de la baie. Là, où nous avions vu des terrains
boueux, nous trouvons une vaste nappe
d'eau, à peine agitée, qui vient baigner le
pied des maisons. Plus trace de grève, plus
trace de parcs aux huîtres, tout est submergé;
et dans le lointain commence à apparaître
une forêt de mâts qui deviennent de plus
en plus distincts. Ce sont les bateaux des
marins qui profitent de la marée pour débar-
quer le produit de leurs fatigues. La jetée,
tout à l'heure déserte, se remplit de monde,
principalement de femmes qui attendent

avec impatience le retour des êtres qui leur
sont chers. Enfin les premiers bateaux
arrivent et débarquent leur cargaison,
maquereaux- rougets - grondins - hobards,
roussettes etc., etc,, qui sont vendus sur
place, et à des prix tellement faibles que
nous en restons tout interdits. Nous éton-
nons les matelots, en leur faisant connaître
la valeur de ces poissons dans nos localités;
mais, à peine avions nous prononcé ces paroles imprudentes, que nous nous voyons
sur les bras une cargaison de poissons de
toutes sortes, que pêcheurs et pêcheuses
veulent nous vendre à des prix défiant toute
concurrence. Il est temps de filer ; et nous
regagnons la voiture, tout en regrettant, de
ne pouvoir, pour le moment, accompagner
les pêcheurs, ce qui nous aurait procuré le
plaisir de rester 6 à 8 heures en pleine mer.
Mais nous devons nous trouver le lende-
main en gare de St. Malo et nous n'avons
garde d'y manquer.

En attendant que la voiture soit attelée,
nous visitons Cancale qui n'a rien que de
très ordinaire, et Georges en profite pour
recommencer ses visites domiciliaires afin

de se rendre compte des mœurs des habitants de l'endroit. Dans ce but, il pénètre chez une marchande de faïences, vendues comme souvenirs de Cancale, ainsi que l'indique la suscription qu'elles portent, et se fait servir des bols de différentes formes, qu'il emporte précieusement, et qui, vérification faite, portent la marque de Sarreguemines. Que voulez-vous, nous dit la marchande, Cancale ne produit rien, et nous sommes obligés de faire fabriquer au loin les objets que nous vendons aux touristes comme souvenirs du pays. Et puis, telle que vous me voyez, je suis veuve et mère de cinq enfants, il faut bien que je les nourrisse, et la vente ne va guère. Touchés par les lamentations de cette pauvre femme, nous faisons de nouveaux achats que nous ne savons où fourrer, tant nos poches sont bourrées de coquillages ramassés sur la grève.

Notre automédon, qui fait claquer son fouet, nous annonce notre départ prochain, ce qui coupe court à toute transaction commerciale, et nous regagnons St. Malo.

Là, assis ou plutôt couchés dans une

espèce de cuvette, creusée dans le roc du
fort national, nous restons silencieux, occu-
pés à regarder la mer et le soleil couchant,
jusqu'au moment où la marée montante
nous force à déguerpir.

SEPTIÈME JOURNÉE.

Le voyage à l'île de Cézembre nous tente plus que jamais. Aujourd'hui la mer est calme, et les matelots, qui nous ont pilotés l'autre jour, nous promettent d'y aborder en 20 ou 25 minutes. Cette fois ils tiennent parole et nous débarquons sur un beau lit de sable d'une blancheur éclatante. A première vue l'île de Cézembre semble avoir été le siège d'un bouleversement général ; ce n'est pour ainsi dire qu'un amoncellement de rocs, où l'humus s'est déposé par places et avec parcimonie. Autrefois en effet, Cézembre, comme Jersey, était reliée au continent par une longue chaîne de rochers couverts d'une forêt immense, impénétrable ; mais en 709, il y eut une marée terrible qui disloqua toute la Bretagne et rom-

pit toute communication entre ces deux îles
et la côte. Les nombreux rochers, qu'on voit
dans la baie de St. Malo, sont les seuls
vestiges qui restent du temps passé. Plus
d'arbres, plus de végétaux au feuillage
touffu, rien qu'un fin gazon, peu abondant
et à peine suffisant pour la nourriture de la
vache et de la chèvre qui paissent là en
toute liberté. L'île de Cézembre est en effet
habitée par un vieux sergent de marine,
accompagné de sa femme et de sa fille, et,
bien que le territoire soit de peu d'étendue,
on est bien prêt à envier leur sort, tant le
site est merveilleux. Partout du sable, de
nombreux enfoncements tapissés de gazon,
à l'abri du vent, où on peut s'étendre, rêver
ou dormir sous le dôme étoilé. Et, pour les
mauvais temps, une maison solidement bâtie
en granit, entourée d'un jardin, où on
s'étonne de voir pousser des fleurs et des
légumes de toutes sortes. Si comme Alceste
il vous prend parfois :

> ....Des mouvements soudains
> De fuir dans un désert l'approche des humains;

venez habiter l'île de Cézembre, et, je puis
vous assurer que là vous aurez le repos et

le calme, et que là vous serez à l'abri du
monde et de toutes ses turpitudes.

L'île en question, guère plus grande que
la place d'Armes, s'étend en pente plus ou
moins rapide vers la mer, du côté qui
regarde Dinard. Si vous gravissez cette
pente qui devient de plus en plus pénible au
fur et à mesure de la montée, vous arrivez
à l'extrémité d'un rocher nu, aride, qui surplombe la mer à une hauteur vertigineuse.
Je vous ai vanté les belles vues de mer
qu'on a du tombeau de Chateaubriand, du
rocher de Granville, mais rien n'est compa-
rable au magnifique panorama qu'on a sous
les yeux à la pointe extrême de l'île de
Cézembre, la dernière qui soit en vue aux
alentours de St. Malo. Plus de rocs, plus
d'écueils, mais une nappe d'eau immense
qui s'étend devant vous à perte de vue et se
confond au loin avec l'horizon.

Mais il est temps de repartir et je quitte
à regret ce site enchanteur où je désirerais
finir mes jours. La mer est toujours calme,
trop calme, car, à peine à moitié chemin, le
vent tombe tout d'un coup, et, les voiles ne
pouvant plus nous être d'aucune utilité,

nous sommes obligés de recourir à la rame.
C'est à peine si nous bougeons de place,
nous avançons avec une lenteur désespé-
rante, et nous mettons une heure pour faire
un kilomètre. Quel contraste avec la mer
agitée des jours précédents, et combien
désirions-nous voir arriver une bourrasque,
qui nous pousse vers la côte. Enfin nous
abordons à Dinard par une pluie torrentielle
et nous n'avons que le temps de nous mettre à l'abri dans le restaurant le plus rapproché de la cale d'embarquement. Nous
pénétrons dans une salle immense, dont le
milieu se trouve occupé par une énorme
table pouvant contenir 100 couverts, où

*Rari nantes in gurgite vasto,*

déjeunent silencieusement 4 touristes,
éloignés les uns des autres, à une distance
fort respectueuse. Une petite table de deux
couverts se trouvant dans un coin, nous
nous y blotissons, et, on nous sert sans
nous faire aucune observation. Mais quand
vint le quart d'heure de rabelais, l'hôtelier
eut bien soin cette fois de nous prévenir que
nous devions un franc de plus pour nous

être mis à une table à part. C'est le commencement de l'exploitation du touriste par le restaurateur, et je regrette de ne pas connaître le nom de cet aimable exploiteur, dont l'espèce heureusement est fort rare sur les côtes de la Bretagne.

Il pleut toujours à torrents ; malgré tout, mon ami Georges persiste toujours à faire une tournée dans l'intérieur des terres, et se précipite dans la première patache en partance. En écrivant ces lignes, j'avais le faible espoir, bien faible, il est vrai, qu'il voudrait bien vous communiquer ses impressions de voyage, et je lui aurais cédé la plume avec la plus grande joie. Avec sa verve intarissable, il vous aurait raconté son voyage à Plancoet, à St. Jacu, son séjour à Dinan, une des plus curieuses villes de la Bretagne, et vous auriez lu avec le plus grand intérêt le récit humoristique de ses aventures. Mais vous arriveriez plus facilement à user un bloc de granit qu'à le faire revenir de sa détermination, et, je me vois, à mon grand regret, obligé de continuer mon récit, ce qui est une faible com-

pensation, par rapport à la lecture attrayante
que vous auriez dû faire.

Du reste, mon récit touche à sa fin;
ne voulant pas m'éloigner de la mer, je
suis resté à St. Malo, et, pendant les 24
heures que mon copain a été absent, j'ai
passé la majeure partie de la journée sur
le rocher du grand bey. A quelques mètres
au dessous du tombeau de Chateaubriand,
au milieu des rocs escarpés, j'avais remar-
qué une excavation tapissée d'un fin gazon;
d'où on pouvait contempler la mer tout à
son aise. M'aidant des pieds et des mains,
au risque de faire un faux pas et de me
broyer sur les rocs qui sont amoncelés bien
loin au dessous de moi, je parviens enfin à
atteindre le but, et là, mollement étendu je
reste des heures entières plongé dans des
rêveries qui sont sans intérêt pour vous.

Si vous allez à St. Malo, visitez le tombeau
de Chateaubriand, mais ne vous attardez
pas trop dans vos rêveries, car la mer, qui
s'était retirée pour vous livrer passage, ne
tarde pas à revenir et à vous isoler petit à
petit du continent. Quand vous pensez au
retour, il est parfois trop tard et l'eau, qui

baigne le pied du rocher, a déjà recouvert
le pierré qui relie l'île du grand bey à St.
Malo. Il ne vous reste plus qu'une ressource,
c'est d'attendre la prochaine marée qui
n'aura lieu que dans 6 heures environ. Triste
perspective si déjà affamé, vous attendiez
avec impatience l'heure du déjeuner, plus
triste encore, s'il vous faut attendre la nuit
pour revenir à votre hôtel. Si le pierré n'est
pas entièrement recouvert par la mer,
hâtez-vous, car la marée arrive rapidement,
et, mouillé jusqu'au ventre, vous serez obligé
de suivre cette route rocailleuse, en tâton-
nant, au risque de prendre un bain forcé et
même d'être entraîné par les vagues qui,
généralement sont assez fortes à cet endroit.
Je connais 2 imprudentes qui ont bien failli
y rester, fort heureusement elles en ont
été quittes pour un bain forcé dont elles se
souviendront longtemps.

Hélas, l'heure du retour a sonné, et, tristes, moroses, le visage refrogné, nous nous
dirigeons à petits pas vers la gare de St.
Malo. C'est que la perspective qui nous
attend n'a rien d'agréable, et est peu faite
pour nous mettre en joie. Au lieu de l'air

pur et vif que nous respirions ici, nous
allons retrouver l'air confiné de nos bureaux;
au lieu de la liberté complète dont nous
jouissions, une chaîne dorée, qui n'en
est pas moins une chaîne ; au lieu des siè-
ges de granit peu moelleux, il est vrai,
mais où on est bercé par le doux murmure
des flots, c'est le rond de cuir qui nous
attend. Hélas, l'homme est ainsi fait, que
pour quelques jours de bonheur, il se creuse
des regrets cuisants, des soucis qui le ron-
gent pendant des mois, des années, jusqu'à
ce qu'il éprouve une nouvelle sensation de
bonheur, suivie de regrets plus cuisants
encore. Mais chassons ces tristes nuages !
N'oublions pas que chaque journée qui
s'écoule nous emporte à grands pas vers
l'éternité. En attendant, que ceux qui le
peuvent, profitent de la vie, travaillent
ferme et se préparent à passer leurs vacan-
ces sur le bord de la mer, où ils trouveront,
s'ils ne sont pas trop mondains, le calme et
le repos. La compagnie de l'Ouest offre des
billets d'excursions si variées sur les côtes
de Normandie et de Bretagne, et à des
prix si tentants, que ce serait pécher que de

ne pas en profiter, pour aller humer à pleins
poumons l'air pur et vif de la mer. Donc,
ami lecteur, chère lectrice, je ne vous dis
pas adieu, mais au revoir.

FIN.